ZEIT*en*Wandel

Gedichte

von
Veronika Simon

Fotos

von

Dirk Hustadt & Janine Oelert

Impressum

© 2008 M. Simon, Köln

Dieses Werk einschließlich aller seiner Texte und Fotos ist urheberrechtlich geschützt. Die Weiterverwendung, auch auszugsweise, ist nur nach vorheriger schriftlicher Genehmigung gestattet.

Fotos
Dirk Hustadt und Janine Oelert, Marsberg

Satz und Layout
Dirk Hustadt und Janine Oelert, Marsberg

Druck
Missionsdruckerei und Verlag Mariannhill, Reimlingen

ISBN 978-3-00-026465-8

INHALTsVerzeichnis

Morgendlicher Weg	4
Wolken	7
Weißer Blütenbaum	8
Morgenstille	11
Geheimnis	12
Ein Bach	14
Nebel	17
Schattenlicht - Lichtschatten	18
Wolkenschiffe	21
Roter Mohn	23
Sommerhitze	24
Alte Bodenkammer	27
Trockener Sommer	29
Blumenlehrerin Sonne	31
Die Ruhr	33
Alter Apfelbaum	35
Altweibersommer	36
Pusteblumenflug	38
In den Wäldern	41
Einsamer See	43
Wolken im Sturm	45
Herbstblätter	47
Abendschatten	48
Blaue Distel	51
Im Garten am Wasser	52
Eine Tanne	54
Herbstnebel	57
Wolkengebirge	58
Eisblumen	60
Erinnerungen im Dasein	63

Morgendlicher Weg

Und du gehst deinen Weg
durch das heimatliche Tal
am Morgen.
Wege, die du schon so oft gegangen.
Wege, die du liebst.
Wege, die dich glücklich machen.

Lichtdurchflutet ist die Welt.
Licht sind deine gelebten Träume.
Und du gehst deinen Weg
durch das heimatliche Tal
am Morgen.

Wolken ihr zieht vorbei
im träumenden Licht.
Vorbei wie ein Elfenflügel im Wind.
Vorbei für einen kurzen Augenblick.
Vorbei und doch von mir so groß erlebt.

Ihr zieht vorbei und kehrt niemals wieder.

Der Zauber seid ihr Wolken selbst.
Sekunden, die ich euch erblickte,
sie waren unvergesslich schön.
Was mir noch bleibt
ist die Erwartung,
andere treue Gefährten
im Sonnenlicht zu sehn.

Weißer Blütenbaum

Wie flirrende Schatten
so kräuseln sich
an deinen weißen Blüten
bunte Vögel
auf und nieder.
Dein Weiß
und das Pastell
der Abendwölkchen,
sie sind
reine Harmonie.
Und Vögel steigen auf
von deinem weißen
Blütenschoß
und fliegen
mit dem Wind
noch einmal
hinauf,
um dem Himmel
Dank zu sagen
für solches Glück.

Der Morgensonne Glut
umtanzt
die rauchenden
frühen Herbstnebel,
die frühen rauchenden Füchse,
die sich vereinen
mit den grauen Dünsten
von quallenden Kaminen.

Gold und Grau.

Grau und Gold,
sie sind so friedlich vereint.
Und der Staub der Erde
und das Gold des Himmels,
sie sind wie zwei gute Freunde.

Morgenstille

Geheimnis

Die unendliche Weite
des Universums
eröffnet der Seele
die Nähe
der Ewigkeit.

Wir schauen zum Firmament
und schweigen;
und das Schweigen
ist ein inniges Sein
mit dem ewigen Geheimnis des Alls.

Ein Bach

Er ist wie ein stilles Gebet.
Der Bach, wie er murmelt und quirlt,
wie er flüstert und raunt.

Kniefällig werde ich vor dem Anblick
vom Urleben der Natur;
und danken, immer wieder danken,
für die Gabe
der unendlichen Liebe und Güte
des Himmels über uns,
des unsagbaren Reichtums dieser Erde.

Weiß verströmender Atem.
Weißer Nebel im Tal.
In einem Mantel
von weißem Gespinst,
da hält er dich fest
umschlungen.
Will dich nicht loslassen,
scheinbar bewahren
in seinen weißen Armen.
Taumelnd löst sich dein Sein
aus seinen weißen Gefilden
und du bist wieder
frei und glücklich.

Schattenlicht – Lichtschatten

Dunkle Schatten
zeichnen verschlungene Wege
im Sonnenlicht.
Schwankend voll Übermut
schlängeln sich
tausend helle Lichter
durch schwarze Labyrinthe:
Tänzelnd und kreisend,
schwebend und lockend.

Zwei, die da flirten:
Schatten und Licht.

Lass deine Seele
dieses stille Bild bewundern.

Wolken,
sie ruhen
am weiten
Horizont
wie Schiffe
in einem
fernen Hafen.
Sie ruhen
und scheinen
zu warten
auf eine Botschaft
aus einer fernen Welt.
Die Unermesslichkeit
der Himmelssphären
lenkt ihre Reise
immer weiter.
Und immerzu
liegen auf ihrem Flug
unerklärte
tiefe Fragen.

Voll Reichtum
fließt in meines Blickes Tiefe
roter Mohn.

Er verführt die Seele
zu zarten Seitensprüngen.

Und siehe, die Liebe ist gleich da.
Rot leuchtet sie dir zu
und sagt durch ihrer Blume Pracht:
Die Welt ist schön.

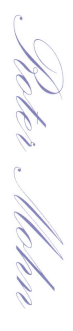

Sommerhitze

Da strotzt – feixt – leckt
das wilde Sonnenlicht
an grünen Sommerbüschen,
geizt nicht
mit heißblütigen Sonnenstahlen,
räkelt sich
in schwarzen Schatten,
tanzt bis dem Erschöpfen nahe
und sinkt dann
– nach des Tages Veitstanz –
in die beruhigenden
Arme der Nacht.

Alte Bodenkammer

Es ist Seide, die da weht,
da wallt in den Wellen eines Fensterwindes,
grau gespannt,
nicht mehr wartend, harrend,
anmutend wie gründelnde Seide.

Ein altes Spinnennetz,
abgestorben
einem Spinnendasein,
dämmernd
im fahlen Bodenkammerlicht.

So sieh:
Das Grau deiner Tage ist bald gezählt.
Es ist nicht mehr die Seide,
die da weht,
die da wallt in den Wellen des Lebenswindes.

Da fliegen dunkle Vögel
aus staubigem Geäst,
und brütend dämmert die Hitze
in allen Winkeln der Natur.
Ausgebrannt die Erde.
Nach Wasser lechzend
jede Kreatur.
Gräser, verdorrt
am Boden liegend.

Blumen,
die traurig
ihre Köpfe
sinken lassen.
Blätter,
deren Leben
langsam vergeht.
Leben, Leben,
ein stummes Flehen
der Natur.
Lass, o Herr,
den Regen kommen.

Trockener Sommer

Das war's für heute.
Für heute ist nun Schluss.
Für heute habt ihr
genug geblüht,
geduftet,
geleuchtet,
getröstet,
erfreut.

Morgen geht's mit Blühen weiter.
Nun klappt schön eure Kelche zu.
Die Sonne wünscht euch gute Ruh.

Da eilt sie ihres Wegs,
schaumbehütet
und weißschleirig bekränzt,
gehüllt in einen Mantel
von grauen Wassern
und Duft und Leben.
Anmutend wie eine gute,
alte Fischersfrau.
Fedrige Enten beleben ihr Sein.

Und da eilt sie immer weiter,
immerfort.

Alter Apfelbaum

Wie abgeklärt
da lehnt sich
ein alter
Apfelbaum
an die alte
Hofgartenmauer.

Das Lächeln
seiner
altertumsgefärbten
Früchte,
es ist
- wie immer -
so wie damals,
als er sein Jugendglück
so reich verstreute.
Noch einmal
will er verschenken
sein pralles Glück.
Noch einmal
hingeben
das kostbare Sein,
um dann zu gehen.

Denn seine Zeit ist gekommen.

Altweibersommer

Wundervoll glänzende Silberperlen
zieren das feine Gespinst,
das wir Spinnennetz nennen.

Silberperlen,
so verhalten und still.

Es ist der frühe Tau,
der das zarte Spiel der Natur gebar.

Ich wollte eine Perle greifen,
zu schmücken meinen Finger.

Doch Sie zersprang in meiner Hand
für immer.

Pusteblumenflug

Leise
schweben sie vorbei.
Feengleich.

Voll Anmut
und voll Eleganz
gleiten sie dahin
in Harmonie
und Frieden.

Dunkelheit,
die mich umfängt.
Tiefe, Schwärze.
Ernst des Gemüts.
Scheinbar nahe
am Abgrund stehend.

Doch aufgefangen
vom Atem der Wälder.

Umringt, umspannt
vom Kreise tausender Bäume.
Behütet, geliebt.

Der Himmel war wieder so nah.

In den Wäldern

Einsamer See

Die Abendsonne
liegt am Rand
des müden Wassers,
wo dunkle Vögel
ihre dunklen Flügel breiten.

Leise verlieren sie
ihre letzten Lieder
an schon verschlafenes Sein.
Und Schatten dämmern träumend
dem Abend entgegen.

Wolken im Sturm

Da wallt
das wilde
Wolkenmeer,
und Legionen
atemloser
Wolkenzüge
schwimmen
in kraftvollen
Formationen
in aufgewühlte
Fernen.

Herbstblätter im Morgengrauen,
da fallen sie
auf alte Reisigzweige:
Braun und Bunt,
finden sich.
Wie fragend
schauen sich beide an,
vermischen sich,
wie in Freundschaft,
zur Herbstzeit.

Und Reisigzweige
und Herbstblätter,
sie tauchen ein
in den Strudel der Zeit.
Und die Reisigzweige
legen sich noch einmal
schützend
- wie zum Abschied -
über die alternden Blätter,
die im Schoß der Zweige
vergehen müssen.

Es war einmal
eine Liebe im Herbst.

Abendschatten

Auf grauem Asphalt
da zittern graue Abendschatten.
Und wie fast schläfrig
huschen sie noch einmal
über abendmüde
Bäume und Blätter,
und das Licht
ist ihr heimlicher Freund.

Blaue Distel,
du stählerne Blume.
Ich sehe dich im gleißenden Sonnenlicht.
Du wiegst dich im stahlblauen Kleid
auf überlangem Stängel.
Ein wenig Grau trägst du in dir.
Du bist so schön, so stolz.

Doch deine Stacheln
können leicht verletzen.
Ein wenig näher kam ich
deinem freundlichen Gesicht.
Doch du, du stachest doch.
Nur wegen deiner Schönheit
hab ich dir verziehn.

Im Garten am Wasser

Wie die Stille mich umfängt
die Wärme das Licht
der Hauch eines leisen Windes
ich bin noch nicht am Ort
wo ein Sonnenstrahl mich nun hinführt
eine Elster ruft –
wie das Lachen eines Kindes
nun bin ich da angekommen
ohne Laut ohne Wort.

Das Wasser empfängt mich mit Liebe
aus der Liebe ist es geboren
das Rufen der Elster ist verstummt
doch das reine Licht
die Stille der Augenblick ist Glück
Ich bin in diesem Glück nie verloren
irgendwas zieht mich
immer wieder in einen
- doch Wirklichkeit wahr -
in einen süßen Traum zurück.

Eine Tanne

Du breitest
deine Arme
hinaus
in die ganze Welt.
Breitest sie aus
mit Großmut und Kraft,
mit Andacht und Ergebenheit.
Lässt meine Träume
in dir versinken
und das Blau deiner Farbe
lässt mich rätseln
über dein
geheimnisvolles
Sein.

Da über dem kühlen Herbstlaub
da ruhet aus der kühle Morgennebel,
ruhet aus ganz still
und verhalten;
und süße Geborgenheit
lehnt sich an unser
unruhiges Herz.
Der Atem fast verstummt
und dennoch klopft das Herz
so voll Vertrautheit
der Gefühle.

O weißes Licht,
du atmest Trost und Freude.

Wolkengebirge

Da türmen
sich Wolken auf
wie Berge von Schnee,
gleich so, wie am Rande
des Eises,
gleich so, wie am Rande
der Welt.
Da leuchten sie
im Glanz
vergangener Zeiten.
Da ziehen sie,
majestätisch und groß.
Da sind sie Freunde
für die Welt.
Da sind sie Trost und Hoffnung.
Da sind sie wie der Weg
in die Ewigkeit.

Eisblumen

Da blühen sie wieder:
Eisblumen.

Pflück sie dir
in Winterseligkeit.
Sie blühen an deinem Fenster,
wo deine Augen sie festhalten.
Sie blühen an Spiegeln,
die dein kaltes Gesicht vergessen lassen.
Sie blühen an Uhren,
deren Zeiger nun die Zeit verschweigt.
Sie blühen am alten Kellerverlies,
am alten Kellerverlies,
wo sonst im Sommer graue Spinnen
schleierige Ornamente spannen.

Doch nun ist es der Winterfrost,
der seine Blütenschönheit zeichnet
in einer wunderbaren,
wundersamen Welt.
Und meine Augen pflücken sie
für die Erinnerung.

Eine schmale Brücke
zwischen meinem Dasein
und der Erinnerung,
sie lässt mich ständig
wandern
zwischen Traum
und Wirklichkeit.
In unendlichen Tiefen
ruhen tausende
weißvernebelte Juwelen.
Sie ruhen still
und geborgen
im tiefen Schoß
einer anderen Welt,
die nur ich allein
zu erfassen vermag,
und deren Geheimnis
für anderes Menschsein
unbegreiflich bleibt.

ZEIT*en*Wandel

Die Autorin

VERONIKA SIMON

Die Schriftstellerin, in Meschede im Sauerland geboren, lebt heute in Köln. Auch in ihrem mittlerweile dritten Gedichtband verwandelt sie durch ihre einfühlsame Lyrik Naturimpressionen in gelebte Gefühle.

Die außergewöhnliche Sprache der Dichterin fasziniert und verzaubert.

Die ZEIT ist in ihren Gedichten ein kurzer Augenblick, ein Moment und ein ganzes Leb*en*sgefühl. Sie verWANDELt die Sicht auf das Alltägliche in eine ganze Gefühlswelt.